DE L'ÉTAT ACTUEL

DE LA

LANGUE FRANÇAISE;

PAR G. A. CRAPELET, IMPRIMEUR.

DE L'ÉTAT ACTUEL

DE LA

LANGUE FRANÇAISE.

Le laborieux écrivain auquel les amateurs de la langue et de la littérature française doivent déjà tant d'ouvrages utiles, tant de recherches bibliographiques, M. G. Peignot, de Dijon, m'annonce qu'il a conçu un projet dont l'exécution, déjà commencée, doit être infiniment agréable à tous ceux qui s'intéressent aux lettres et surtout à l'histoire de la langue française; pour ma part, j'en presse l'accomplissement de tous mes voeux.

On ne contestera point, mais on n'apprécie pas suffisamment peut-être, tous les avantages que notre littérature peut obtenir encore de la publication du plus grand nombre possible de productions de nos anciens écrivains, surtout à l'époque actuelle.

Si l'on considère avec quelle peine et avec quelle lenteur s'est formée la langue française, à combien d'esprits divers elle a dû ses premiers essais, ses développements, sa marche, ses progrès, son caractère et son génie, avant de parvenir au point de perfection où l'a laissée Racine, on concevra que tant de richesses littéraires si difficilement acquises, et qui font la plus belle portion de la gloire de la France, comme la plus enviée des autres nations, méritent bien que l'on prenne quelque soin de leur conservation. Mais, sous ce rapport, il faut convenir que notre fortune littéraire n'est pas exempte de périls.

Le romantisme tout chargé de nuages, comme les contrées qui l'ont vu naître ; les débats parlementaires si favorables à la néologie, les feuilles politiques qui la propagent en tous lieux ; les combats de pamphlets, dans lesquels la politesse et la pureté du langage reçoivent souvent autant d'outrages que le bon sens ; les journaux littéraires, trop rarement d'accord avec les saines doctrines qu'ils sont appelés à défendre ; la foule des commentateurs et des grammatistes, qui mesurent les chefs-d'œuvre du dix-septième siècle aux règles du style et du langage du dix-neuvième ; les éditeurs infidèles, les réimpressions défectueuses, sont autant de causes, plus ou moins prochaines, de l'altération de notre langue. Assurément, Racine et Boileau seront éternels comme Virgile et Horace;

mais il peut venir un temps où, pour être bien compris, ils auront besoin d'être expliqués et traduits en France, comme les auteurs de l'ancienne Rome.

En effet, quantité de mots nouveaux sont journellement introduits sans discernement, et adoptés sans examen. Ce qui est plus grave et plus dangereux encore, on donne à des mots anciens une acception nouvelle, on leur fait contracter des alliances barbares; aux constructions naturelles, on substitue des inversions dont aucun idiome n'offre d'exemples; des locutions consacrées par le temps et par les maîtres sont détournées de leur signification primitive; et la langue française perd ainsi chaque jour quelque chose de l'ordre, de l'élégance, de la clarté, de l'exactitude, qu'aucune autre ne pouvoit lui disputer depuis Racine.

Lorsque la langue n'étoit pas fixée, la hardiesse des écrivains, les caprices même de leur imagination, les emprunts qu'ils faisoient aux idiomes étrangers, pouvoient tourner au profit du nôtre. Il s'agissoit alors de faire de nombreuses acquisitions dans toutes les parties du discours, pour se créer les moyens de choisir, d'essayer, d'améliorer ou de rejeter celles qui répugneroient au goût et aux organes des Français, dans tous les temps plus délicats et plus difficiles que ceux des autres peuples.

Nos poètes du siècle de François Ier ont pu, sans inconvénient, non sans quelque utilité peut-être, faire parler leur Muse en grec et en latin; ce qui plaisoit beaucoup à notre bon Henri Estienne, le savant par excellence [1]; aussi voyoit-il avec peine le grand nombre de mots italiens qui avoient pris place dans notre vocabulaire, après les guerres d'Italie. « Ie ne préten point (disoit-il en 1569) « parler de ce François desguisé, masqué, sophis-« tiqué, fardé et affecté à l'appetit de tous autres, « qui sont aussi curieux de nouueauté en leur par-« ler comme en leurs accoustremens [2]. Car ce Fran-« çois ainsi desguisé, en changeant de robe, a « quant-et-quant perdu (pour le moins en partie) « l'accointance qu'il avoit avec ce beau et riche « langage grec. »

Dans le siècle suivant, l'illustre société de l'hôtel

[1] Je dis le *savant par excellence;* car s'il est des hommes qui aient égalé, ou même surpassé Henri Estienne en savoir, il n'en est pas qui plus que lui aient contribué à répandre et à faciliter l'étude des lettres grecques, latines et françaises; et c'est là l'*excellence* du savoir.

[2] *Traicté de la Conformité du Langage françois auec le grec*, Diuisé en trois liures, dont les deux premiers traictent des manieres de parler conformes : le troisieme cōtient plusieurs mots françois, les vns pris du grec entierement, les autres en partie : c'est a dire, en ayans retenu quelques lettres par lesquelles on peut remarquer leur etymologie. Avec vne preface remonstrant quelque partie du desordre et abus qui se commet

Rambouillet mit un moment en faveur « ce langage obscur et affecté, dit La Harpe, qui n'étoit « que le pédantisme de l'esprit, remplaçant le pé« dantisme de l'érudition. » Mais alors ce langage précieux et affecté des beaux esprits put adoucir les formes un peu rudes de la langue des érudits: c'étoit comme des semences de fleurs légères et brillantes tombées sur un sol agreste mais fertile, et qui, plus tard, devoient en être l'ornement et la parure.

Cependant nos plus judicieux écrivains ont pensé que la réforme de notre vieux langage s'étoit opérée avec trop de rigueur peut-être ; ils ont regretté un grand nombre de mots qui n'ont pas été admis dans le premier Dictionnaire de l'Académie, et dont l'usage s'est entièrement perdu. Rollin les redemandoit avec instance : « Il y a dans les vieux auteurs

aujourdhuy en l'vsage de la langue françoise. En ce traicté sont decouuerts quelques secrets tant de la langue grecque que de la françoise : duquel l'auteur est Henri Estienne. A Paris. Par Robert Estienne Imprimeur du Roy. M. D. LXIX, in-8°.

Je me propose d'imprimer un abrégé de ce livre, ainsi que la grammaire de Henri Estienne, comparée à la grammaire actuelle, pour servir d'introduction à la lecture de nos vieux auteurs. A l'aide de cet ouvrage, du *Dictionnaire de la Langue romane*, de M. Roquefort, de l'*Archéologie française*, de M. Pougens, il deviendra aussi facile qu'agréable d'étudier notre ancienne littérature.

« français, dit-il, d'excellents mots qui, je ne sais « par quelle bizarrerie, n'ont pas été adoptés des « modernes. Parmi ces mots, les uns sont clairs, « simples, naturels; les autres, pleins de force « et d'énergie. J'ai toujours souhaité qu'une main « habile fît un recueil de ces mots, c'est-à-dire de « ce qui nous manque et de ce que nous pouvons « acquérir, pour nous montrer que nous avons « tort de négliger ainsi le progrès et l'avancement « de notre langue. »

Lorsque l'un de nos plus sages rhéteurs recommandoit ainsi l'étude de nos anciens écrivains, c'étoit à une époque où les Lettres françaises brilloient encore du plus vif éclat, où l'admiration pour Racine et Boileau n'avoit rien perdu de sa force. Rollin n'avoit qu'un regret, c'étoit de voir la langue française privée de la moindre portion de ses richesses; on n'éprouvoit qu'un besoin, c'étoit de conserver dans toute sa pureté cette belle langue qui avoit suffi à tant de chefs-d'œuvre. « Ne commence-t-on pas à la corrompre? écrivoit « Voltaire en 1760 [1]. N'est-ce pas corrompre une « langue que de donner aux termes employés par « les bons auteurs une signification nouvelle?

[1] *Dictionn. philosophique*, art. FRANC.

« Qu'arriverait-il si vous changiez ainsi le sens de « tous les mots ? On ne vous entendrait ni vous, « ni les bons écrivains du grand siècle. » Que diroit Voltaire en 1828 ! Celui que Voltaire lui-même s'est plu à nommer son héritier, et qui le fut du moins de son goût pour la saine littérature ; le ministre qui protégea et honora les lettres, les arts et l'imprimerie pendant sa puissance ; l'académicien qui les chérissoit dans sa retraite, et dont nous déplorons la perte récente, François de Neufchâteau, écrivoit à l'Académie Française, en 1816 : « Je demande qu'on rende justice à la langue du « seizième siècle ; mais qu'on se garde d'abandon- « ner et d'altérer celle du dix-septième, que l'on « pourroit cependant rajeunir, sans la défigurer, « en lui restituant avec goût ses anciennes richesses, « trop peu connues et trop négligées. »

Ne seroit-il pas temps que l'Académie Française s'occupât sérieusement de l'examen de cette proposition ?

L'esprit humain est mobile de sa nature, et, dans son inconstance, il se lasse même de ce qui est beau comme de ce qui est bien. Il cherche sans cesse des voies nouvelles dans tous les genres ; et si parfois il recueille quelques fruits de ses indiscrètes poursuites, bien souvent aussi il s'égare, et, pour le seul attrait de la nouveauté, il abandonne des biens solides, précieux, et qui lui sont propres, pour des objets étrangers, sans valeur, et souvent nuisibles.

En ce qui touche notre littérature, ces biens précieux se trouvent épars dans les anciens monuments de notre langue. Un écrivain habile remettroit en honneur ces tours vifs et variés, ces constructions hardies, ces mouvements inaccoutumés, cette précision sans obscurité, et surtout ces mots à images, trop rares peut-être dans le français moderne, et qui caractérisent particulièrement le style de nos vieux auteurs.

Montaigne nous apprend comment notre langue s'est affoiblie et dénaturée par le maniement des écrivains de son temps; c'est précisément ce qui a lieu aujourd'hui. « Ils sont assez hardis et des-« daigneux pour ne suyvre pas la route commune; « mais faulte d'invention et de discretion les perd; « il ne s'y veoid qu'une miserable affectation d'es-« trangeté, des desguisemens froids et absurdes « qui, au lieu d'eslever, abbattent la matiere: « pouveu qu'ils se gorgiasent en la nouvelleté, il « ne leur importe de l'efficace; pour saisir un nou-« veau mot, ils quittent l'ordinaire, souvent plus « fort et plus nerveux.... Mais cela n'oste rien du

« goust à ceux qui ont bon nez, ny ne desroge à la « gloire de nos anciens aucteurs. »[1]

Les écrivains dont parle Montaigne commençoient alors cette réforme qui a privé le français moderne d'une partie de sa force et de son énergie, pour lui donner plus de finesse et de douceur : mais aujourd'hui, porter la plus légère atteinte à la langue de Racine, ce n'est plus polir, adoucir ; c'est user et altérer, comme agiroit l'ignorant possesseur d'une belle statue antique, qui entreprendroit de la gratter et de la remettre à neuf pour en faire disparoître quelques taches.

Henri Estienne compare nos romans anciens à un grand château qu'un homme riche tient de ses ancêtres ; et comme ce bâtiment a de *beaux membres*, quoiqu'il soit à la façon aneienne, il ne le laisse pas pour cela entièrement inhabité. « Les « beaux vocables et les beaux traits qu'on trouve « dans ces romans, dit-il, sont les beaux membres « qu'il faut prendre soin de conserver. »[2]

C'est dans cette pensée que j'ai entrepris de pu-

[1] *Essais*, liv. III, ch. V.

[2] *Projet du livre intitulé de la Precellence du langage françois, par Henri Estienne.* Paris, 1579, in-8°, avec cette épigraphe :

Je suis joyeux de pouvoir autant plaire
Aux bons François, qu'aux mauvais veux desplaire.

blier quelques unes des productions les plus intéressantes qui peuvent se rencontrer encore parmi les nombreux manuscrits de la Bibliothéque du Roi ; car c'est une mine féconde qui ne sera pas épuisée de long-temps.

Partageant les vues et les idées de M. Peignot, sur l'utilité de ce genre de publication, j'aurois désiré, comme il l'exprime lui-même, découvrir quelques ouvrages en prose qui ne fussent pas dépourvus d'intérêt historique ou littéraire ; mais ces anciens manuscrits, moins nombreux comparativement que les écrits en vers, ne contiennent, pour la plupart, que des pièces d'un intérêt local ou particulier. Elles n'offrent guère d'ailleurs qu'un grossier assemblage de phrases à demi barbares, qui reproduisent assez exactement la langue parlée des différents temps où elles furent composées. Il n'en est pas de même des pièces en vers, ou, pour mieux dire, en rimes, dont les manuscrits, souvent uniques, reposent encore sur les rayons de la Bibliothéque Royale, religieusement conservés, il est vrai, mais toujours exposés à des chances de perte ou de destruction qui ne peuvent atteindre les ouvrages imprimés. Le nombre des poètes s'étoit tellement multiplié depuis Saint-Louis jusqu'au quinzième siècle, qu'avec le secours de l'imprimerie même on ne put mettre au jour qu'une foible partie des productions de nos anciens poètes, et plus spécialement celles que réclamoit le goût dominant du siècle, les romans de chevalerie. Au contraire, le peu d'ouvrages remarquables en prose qui existoient alors, soit romans, chroniques ou traductions, furent publiés dès les premières années de l'établissement de l'imprimerie à Paris.

On ne peut donc guère présumer que des ouvrages de quelque importance, écrits en langue vulgaire, aient échappé aux recherches des savants et des littérateurs qui ont si souvent exploré les manuscrits de la Bibliothéque Royale. Une considération pourroit encore me déterminer, dans l'intérêt des lettres, à imprimer, de préférence, les rimes de nos anciens poètes, s'il y avoit à choisir entre eux et les prosateurs; c'est que de tout temps notre langue poétique a été de beaucoup supérieure à la langue vulgaire, parce que ce sont nos poètes qui d'abord ont façonné la langue, en la ployant et en la tourmentant sans cesse, pour le besoin de la rime et de la mesure, qui l'ont ainsi adoucie et polie, et lui ont enfin donné toute sa perfection. « Les Français n'ont « pas d'auteur plus châtié en prose que Racine et

« Boileau le sont en vers », a dit Voltaire [1]. Cette remarque est bien plus frappante si on l'applique aux poètes et aux prosateurs des quatorzième et quinzième siècles ; car la prose même de Marot est aussi obscure et aussi informe que sa poésie est gracieuse et élégante.

Quoi qu'il en soit, persuadé, comme je le suis, que le véritable génie de la langue française ne peut être mieux étudié que dans nos anciens auteurs, et qu'il n'en est pas un dont les écrits ne recèlent quelques beautés essentiellement françaises, soit de tournures, soit d'expressions, je m'estime heureux de pouvoir faire connoître aux amateurs de notre ancienne littérature un morceau assez curieux de l'un des plus fameux et des plus singuliers prédicateurs du quinzième siècle, Olivier Maillard [2]. Je me félicite surtout d'être redevable de ce morceau au savant académicien de Dijon, qui l'a enrichi de ses notes, et dont les encouragements et l'honorable bienveillance m'offrent

[1] *Dictionn. philosophique*, art. LANGUES, sect. II.

[2] L'ouvrage d'Olivier Maillard dont il est ici question, est intitulé : *Histoire de la Passion de Jésus-Christ, composée en* 1490, *par Olivier Maillard ; publiée en* 1828, *comme monument de la langue française au quinzième siècle, avec une Notice sur l'auteur, des Notes et une Table des matières ; par* GABRIEL PEIGNOT ; gr. in-8°, Jésus vélin.

une récompense bien précieuse de quelques foibles travaux.

Il est une autre personne qui, par les souscriptions dont elle a favorisé les trois premiers volumes [1] de cette Collection de nos anciens auteurs, m'a facilité les moyens d'en poursuivre l'exécution. J'en fais mes publics remercîmens à M. le comte de Corbière, naguère ministre de l'intérieur. La gratitude des gens de lettres survit aux tourmentes de la politique.

G. A. CRAPELET.

[1] Les trois volumes publiés sont : *Vers sur la Mort, par Thibaud de Marly*, imprimés sur un manuscrit de la Bibliothéque du Roi, avec un Avertissement de M. Méon (1826), gr. in-8°. — *Lettres de Henri VIII à Anne Boleyn*, précédées d'une Notice historique sur Anne Boleyn (1826), gr. in-8°, avec portraits. Ces Lettres, la plupart écrites en français, dans le seizième siècle, sont suivies d'une Histoire d'Anne Boleyn, composée en vers français par un contemporain. — *Le Combat de Trente Bretons contre Trente Anglois*, publié d'après le manuscrit de la Bibliothéque du Roi; 1827, gr. in-8°, avec fig., fac-simile et armoiries.

FÉVRIER, 1828.

A M. CRAPELET, IMPRIMEUR,

A PARIS.

Monsieur,

Je vous félicite sincèrement de l'utile projet que vous avez conçu de publier les anciens morceaux les plus curieux de notre langue que vous pourrez trouver parmi les innombrables manuscrits de la Bibliothéque du Roi. Ce projet, dont vous avez déjà si heureusement commencé l'exécution, en imprimant deux pièces intéressantes [1], ne peut manquer de mériter l'approbation de tous les vrais amateurs; car ces monuments, rendus avec autant d'habileté sous le rapport typographique, que de fidélité sous le rapport du style et de l'orthographe, sont le moyen le plus sûr et le plus prompt de juger des progrès de la langue française, puisqu'ils présentent l'état exact dans lequel elle se trouvoit au moment où ils ont vu le jour. Continuez donc, Monsieur, à explorer cette mine féconde, et à en tirer de riches échantillons, qui, réunis, offriront, pour ainsi dire, le tableau parlant de notre langue aux diverses époques de sa longue enfance et de sa pénible adolescence.

Les deux morceaux que vous avez déjà publiés sont en vers; ne seroit-il pas possible d'en découvrir en prose qui ne fussent pas dénués d'intérêt? Il est vrai que la poésie de

[1] *Voyez* la note précédente, page 15.

ces temps-là n'est que de la prose rimée, et souvent aussi mal rimée que mal mesurée; on écrivoit rarement en prose tout ce qui ne tenoit pas aux affaires sérieuses, pour lesquelles même on employoit souvent la langue latine (si toutefois on peut appeler latin le jargon en *us, a, um*, dont on se servoit au moyen âge). Cependant il me semble que des morceaux en pure prose auroient bien aussi leur mérite, et seroient peut-être préférables pour donner une idée plus juste et plus exacte des progrès successifs de la langue. Du moins j'en juge par un recueil que, depuis bien des années, j'ai aussi entrepris de mon côté, et qui rentre parfaitement dans votre plan. J'ai tâché de réunir, autant qu'il m'a été possible, une certaine quantité de vieux monuments de notre langue (mais par extraits textuels), depuis le fameux serment de Charles-le-Chauve, en 842, où elle ne paroît encore que comme un embryon, jusqu'au temps de Montaigne, où presque toute formée, et même avec une surabondance de séve, de force et d'énergie, elle est sur le point d'atteindre cette maturité et ces formes gracieuses et polies qui, sous la plume des écrivains du grand siècle, l'ont fixée invariablement [1].

[1] Il est certain que, depuis Louis XIV, la langue française semble dominer l'horizon de toutes les littératures modernes, et que par sa variété, sa clarté, sa précision, et par une foule d'expressions heureuses, consacrées aux lettres, aux sciences, au commerce de la vie, aux affaires, aux plaisirs, elle ne le cède à aucun des idiomes modernes. Aussi, malgré les rivalités nationales, est-elle la plus universellement répandue.

En 1784, l'Académie de Berlin avoit mis au concours, pour sujet d'un prix, cette question : « Qu'est-ce qui a rendu la langue fran- « çaise universelle ? pourquoi mérite-t-elle cette prérogative ? » Ce fut Rivarol qui remporta le prix.

Je me rappelle que, il y a plus de vingt-cinq ans, le gouvernement russe fonda une Université dans une ville sur les frontières les plus reculées de son empire, au nord; le discours d'inauguration y fut prononcé en français.

J'ai pensé, Monsieur, qu'un pareil recueil, si je puis le mener à son terme [1], pourra être utile, en ce qu'en le parcourant, on y verra, presqu'au premier coup d'œil, notre langue sortant du berceau, d'abord informe, grossière, étrange, barbare et inintelligible pour nous; on la verra, dis-je, se débrouiller petit à petit, commencer à prendre une certaine consistance, développer ses formes, se créer un génie, se polir, et enfin parvenir au degré où nous la possédons aujourd'hui.

Mais je ne me suis pas contenté de choisir mes extraits dans les ouvrages en vers; je ne m'en suis servi que quand la prose m'a manqué; car, comme je l'ai dit plus haut, la prose me paroît plus propre à remplir l'objet en question. J'ai donc puisé mes exemples dans tous les monuments de la langue vulgaire que j'ai pu découvrir dans les neuvième, dixième, onzième, douzième, treizième, quatorzième et quinzième siècles; j'ai classé tous ces morceaux par ordre chronologique, ayant eu soin d'indiquer, à chaque extrait, sa date, le nom de son auteur, et une traduction qui est absolument indispensable pour les pièces des cinq premiers siècles au moins, c'est-à-dire du neuvième au quatorzième. Arrivé au quinzième, j'ai trouvé chez les prédicateurs des matériaux assez curieux, et même rares; car on possède très peu de leurs sermons en français. Si, comme il est présumable, ils prêchoient en langue vulgaire [2], les éditeurs ou abréviateurs de leurs sermons ne nous les ont laissés qu'en latin, à la vérité non

[1] Chose assez difficile, étant éloigné de la capitale; car je n'ai guère trouvé de ressources, pour la plupart de mes extraits, que dans des livres imprimés, et je doute fort que les copistes et les éditeurs aient toujours conservé les mots (souvent très difficiles à comprendre) dans toute leur intégrité, surtout pour l'orthographe du temps.

[2] Cette opinion est aussi celle de M. Labouderie, qui, dans sa *Notice sur Olivier Maillard*, dit, page 31 : « Personne n'ignore qu'il « improvisoit ses sermons en langage du temps. » M. de Roquefort,

moins barbare que l'idiome français auquel ils l'ont substitué.

Parmi ces prédicateurs, il en est un qui s'est distingué par la fécondité de sa plume, la hardiesse de ses sermons et la bizarrerie de son style; c'est le R. P. OLIVIER MAILLARD. Il a laissé plusieurs ouvrages ascétiques, poétiques, etc., en français; mais de ses nombreux sermons, trois seulement ont été imprimés dans cette langue; l'un est intitulé : *D'ung sermon pour le jour de lascension Nostre Seigneur;* il ne manque pas de mérite. Le second a pour titre : *D'ung petit sermon pour le jour de la Penthecouste;* il n'a que quatre pages, et est fort curieux. Le troisième est *ung sermon que fist frere Olivier Maillard lan mil cincq cens le cinquiesme dimence de Quaresme en la ville de Bruges.* M. l'abbé Labouderie en a donné, en 1826, une nouvelle édition in-8°, fort intéressante. J'ai pris quelques extraits de ces sermons pour mon recueil des monuments de la langue française dans ses différents âges.

Mais, dès-lors, il m'est tombé sous la main un ouvrage de ce même Maillard, qui a fixé mon attention par sa singularité:

dans la Préface du *Dictionnaire des Prédicateurs français*, page 43, est d'un avis différent; il dit : « Les troubles survenus pendant la « première moitié du quatorzième siècle, portèrent le plus grand « tort aux écoles des cathédrales, et presque toutes étant devenues « désertes, furent fermées. Les moines, voulant seuls se charger de « l'instruction de la jeunesse, prêchèrent en latin. » Comment le peuple auroit-il pu entendre leurs sermons? Ils n'auroient donc eu pour auditeurs que des écoliers et des latinistes : chose si peu vraisemblable, qu'on les voit parfois apostropher des femmes et des hommes qui rioient de leurs bouffonneries. Maillard lui-même, dans un sermon sur la Nativité, dit : *Vos, domicellæ, ostenditis pectora vestra. Tu, qui rides, respicis-ne meretricem tuam?* Et dans un autre sermon de l'Avent : *Vos, mulieres, si sciretis quid est illud quod portatis, certè vos absconderetis mamillas vestras.* A coup sûr, il ne se servoit pas de ces expressions latines pour parler en chaire à des femmes.

c'est l'*Histoire de la Passion douloureuse de Nostre doulx Saulveur et Redempteur Jhesus rememoirée es sacrés et saincts misteres de la messe.* Ce petit volume, divisé en cinquante paragraphes, se compose de différentes explications historiques, dogmatiques et cérémonielles, relatives au sacrifice de la messe. La partie historique, qui est le récit de la Passion, ne manque pas d'intérêt [1]. Les expressions naïves dont l'auteur se sert, son style familier, les détails que son imagination ou une érudition assez bizarre lui fournissent, la piété fervente qui l'anime, sa fureur contre les Juifs, tout m'a paru assez curieux, et digne d'être recueilli comme un monument de style et de narration au quinzième siècle. C'est à ce dernier titre que j'ai détaché cette partie de l'ouvrage, laissant de côté tout ce qui tient au dogmatique et au cérémoniel, afin de présenter une histoire suivie de la Passion, telle que l'a écrite, dans ces temps de barbarie et d'ignorance, un des plus célèbres prédicateurs et théologiens de France. J'y ai ajouté des notes, les unes historiques, géographiques et bibliographiques, relatives à la Passion; les autres, explicatives de certains termes surannés ou vulgaires, qui pourroient n'être pas familiers au lecteur.

Si cet opuscule, qui date de 1490, ne vous paroît pas indigne de figurer parmi les monuments qui présentent l'état de la langue française à une époque donnée, il sera sans doute glorieux pour lui de vous devoir, Monsieur, une nouvelle existence, aussi brillante et aussi durable que celle où il végétoit dans son tombeau poudreux étoit obscure et précaire. J'aurois

[1] M. Labouderie, qui a parlé de cet ouvrage dans sa Notice sur Olivier Maillard, et qui même en a donné quelques citations, tout en faisant la part de ce qu'il y a de singulier, finit par dire: « J'avoue « cependant qu'on y remarque une certaine érudition, et des ré- « flexions assez judicieuses; mais il leur manque d'être mieux ren- « dues. » (*Voyez* la *Notice sur la Vie et les Ouvrages d'Ol. Maillard*, par M. Labouderie, pag. 38-43.)

seulement, en cas de publication, une légère observation à vous faire. Quelque fervente que soit la piété du bon père Maillard, quelque franche et sincère que soit son orthodoxie, ses récits, qui tiennent au misérable état où étoit encore l'art d'écrire, et qui sont appropriés aux mœurs grossières et à la disposition des esprits dans un siècle encore barbare, pourroient peut-être produire sur quelques lecteurs du temps actuel un effet différent de celui qu'ils produisoient sur les auditeurs du révérend Père ; et cela, à raison de la singularité du style. C'est pourquoi, Monsieur, je désirerois que cette bagatelle ne fût tirée qu'à un petit nombre d'exemplaires, destinés seulement aux amateurs éclairés, et dignes d'apprécier de pareils monuments, considérés simplement sous le rapport littéraire, et rehaussés par le charme d'une typographie aussi correcte qu'élégante, et parfaitement soignée dans toutes ses parties.

Agréez, je vous prie, l'assurance des sentiments, etc.

G. PEIGNOT.

Dijon, ce 10 octobre 1827.

DE L'IMPRIMERIE DE CRAPELET,
rue de Vaugirard, n° 9.

www.ingramcontent.com/pod-product-compliance
Ingram Content Group UK Ltd.
Pitfield, Milton Keynes, MK11 3LW, UK
UKHW021046260726
13994UKWH00005B/2373

9 782329 324227